1

DE SERMONES PARA DÍAS Y OCASIONES ESPECIALES

Recopilados por

Charles R. Wood

PORTAVOZ

La misión de *Editorial Portavoz* consiste en proporcionar productos de calidad —con integridad y excelencia—, desde una perspectiva bíblica y confiable, que animen a las personas a conocer y servir a Jesucristo.

Título del original: *Sermon Outlines for Special Days and Occasions*, recopilado por Charles R. Wood, © 1970 por Kregel Publications, Grand Rapids, Michigan 49501.

Edición en castellano: *Bosquejos de sermones para días y ocasiones especiales*, © 1991 por Editorial Portavoz, filial de Kregel Publications, Grand Rapids, Michigan 49501. Todos los derechos reservados.

Portada: Don Ellens
Traducción: José Luis Martínez

EDITORIAL PORTAVOZ
P. O. Box 2607
Grand Rapids, Michigan 49501 USA.

ISBN 978-0-8254-1882-2

10 11 12 13 edición / año 13 12 11

Impreso en los Estados Unidos de América
Printed in the United States of America

CONTENIDO

ÍNDICE DE TEXTOS BÍBLICOS

INTRODUCCIÓN

Una de las tareas más difíciles que el pastor enfrenta es la elección de su mensaje para los días especiales que aparecen con exigente regularidad conforme pasan los años. Los temas especializados demandan un tratamiento diferente, y no siempre están a la mano las ayudas que toman en cuenta estas necesidades.

Este libro de bosquejos de sermones y ayudas ha sido especialmente adaptado para proveer ayuda en "la preparación de semones para días especiales". El material abarca la mayoría de los días que, en general, se celebran en las iglesias evangélicas.

El uso de los bosquejos de sermones es siempre problemático. No hay dos predicadores que tengan exactamente el mismo estilo, y a veces es anormal que un hombre use el material de otro. Los materiales que se reúnen aquí se han diseñado para que sean utilizables. Son de tal naturaleza que pueden ser usados "tal como están", o pueden ser fácilmente adaptados para ajustarse al estilo y forma de presentación del individuo. En muchos casos, lo que se ha presentado aquí como el bosquejo del sermón puede ser fácilmente adaptado para formar un mensaje de mayor alcance o aun puede ser usado como un pensamiento original del cual uno puede desarrollar su propia presentación.

Los bosquejos incluídos en este libro proceden de numerosas fuentes y predicadores. Fueron escogidos, sin embargo, porque eran lógicos, bíblicos y se podían usar. Cuando ha sido posible, hemos dado crédito al originador del bosquejo. Esto no siempre ha sido factible a causa de que los materiales tienen la tendencia de perder su identidad al ir pasando de generación a generación. Este editor asume la responsabilidad por un buen número de los bosquejos de sermones predicados a los amados miembros de dos diferentes congregaciones durante trece años de ministerio.

Es mi deseo sincero que los materiales reunidos y presentados aquí prueben ser útiles a hombres dedicados que buscan ". . . predicar la Palabra, a tiempo y fuera de tiempo . . ."

DIRECCIÓN DIVINA

"Sobre ti fijaré mis ojos." (Salmo 32:8)

Introducción

Al comenzar un año nuevo se nos recuerda nuevamente nuestra necesidad de dirección. Este pasaje nos presenta un hermoso cuadro de nuestro amante Señor como nuestro Guía.

I. La naturaleza de la dirección de Dios

No hay obligación ni coerción en ella. Se ofrece a aquellos que la buscan y están dispuestos a seguir el camino que Él da a conocer. La mirada del creyente seguramente se encontrará con la mirada del Padre.

II. Las negativas de la dirección de Dios

Dios a veces nos dice: "Por ahí no." El camino que Él escoge no siempre será el más cómodo o placentero pues el camino correcto no es siempre el más fácil. El camino equivocado, sin embargo, nunca lleva al lugar correcto.

III. Lo positivo de la dirección de Dios

Es el sendero de la vida y la verdad, el sendero de confianza pues, Dios "os guiará a la verdad", y Él "te enseñará el camino en que debes andar".

IV. Comprendiendo la dirección de Dios

    A. La dirección de Dios no contradice la clara enseñanza de la Palabra de Dios.

    B. Dios abre las puertas de las áreas a donde quiere que vayamos y las cierra cuando no quiere que nos movamos.

    C. Su Espíritu nos guía si estamos en estrecha relación con Él.

    D. Sabemos que vamos por el camino correcto cuando tres aspectos de su dirección coinciden o se alinean: Su Palabra, su guía providencial en las circunstancias, y la dirección de su Espíritu.

V. La aceptación de la dirección de Dios

Cuanto antes comencemos a seguir la dirección de Dios más feliz será nuestro camino. Si buscamos su voluntad en cada paso del camino, evitaremos los peligros que atrapan a nuestros hermanos por todos lados.

EN LOS SENDEROS NUEVOS

*"Y mandaron al pueblo, diciendo: Cuando veáis el arca
del pacto de Jehova vuestro Dios, y los levitas sacerdotes
que la llevan, vosotros saldréis de vuestro lugar y
marcharéis en pos de ella."* (Josué 3:3)

Introducción

Hemos llegado en este primer domingo del año nuevo a un lugar de senderos nuevos. Las palabras de nuestro texto fueron las instrucciones dadas a los israelitas cuando miraban hacia la tierra prometida, Canaán. A dondequiera les guiara el arca del pacto deberían seguir, aunque no hubieran pasado por allí antes.

I.   No hemos pasado por este camino antes

Esto siempre es así cuando nos enfrentamos a un año nuevo. Aunque sus experiencias puedan ser similares a las que ya tuvimos, la secuencia y combinación de los eventos que enfrentamos son totalmente desconocidos.

II.   No sabemos lo que nos espera más adelante

Un año nuevo representa una avèntura nueva. Para algunos habrá un nuevo nacimiento cuando podrán decir: "Las cosas viejas pasaron; he aquí·todas son hechas nuevas" (1 Co. 5:17). Para otros habrá nuevas circunstancias en la escuela, el trabajo, el matrimonio, etc. Aun para otros habrá tristeza, enfermedades serias o aun la misma muerte.

III.   Necesitamos un guía adecuado

Para enfrentar este año nuevo y sus problemas y retos, necesitamos a alquien de quien podamos depender, alquien a quien podamos confiar nuestras vidas. Esto es cierto no sólo para los individuos, pero también para nuestra patria en este tiempo de incertidumbre que ofrece oportunidades tanto como peligros. Reducido a su mínima expresión la pregunta que debemos contestar es: ¿Caminaremos con Dios o le daremos la espalda?

Dios conoce el camino, por lo tanto, caminemos con Él, mantengamos la mirada fija en Él y nuestros corazones receptivos a fin de que podamos oirle cuando nos habla.

SI...

"Pero esto digo, hermanos: que el tiempo es corto."
(1 Corintios 7:29)

Introducción

¿Qué haría si le dijeran que sólo le quedaba un año para vivir? ¿Cuál sería su reacción? ¿Cambiaría algunos de los planes que ya tiene?

Aquí se enumeran algunas de las cosas que indudablemente pensaría si se enfrentara con esa posibilidad.

I. El valor del tiempo

Nunca jamás "desperdiciaría" el tiempo. Desearía seriamente recobrar las muchas horas desperdiciadas en el pasado. Comenzaría inmediatamente a contar, distribuir y usar sabiamente el tiempo que le quedara.

II. Las prioridades de la vida

Ciertas cosas que una vez fueron importantes ya no tendrían sentido, como el dinero, los automóviles, las posesiones, etc. Otras cosas que por mucho tiempo se dieron por supuesto llegarán a ser inestimables, como el amor a la familia, las provisiones diarias de salud y fuerza, etc.

III. El uso de ese último año de vida

No hay dos personas que reaccionarían de la misma forma a esta situación. Algunos cumplirían de inmediato con sus obligaciones. Otros comenzarían a aprovecharse de los placeres por tanto tiempo deseados, pero pospuestos para tiempos más convenientes. Aún otros quedarían paralizados por el temor y el pánico.

IV. La corrección de los errores

La conciencia, frecuentemente acallada por el mito de que el tiempo no tiene límites, se redespertaría y comenzaría la preocupación por aquellos que sufrieron injusticias por cosas pequeñas y grandes. La mayoría haría el esfuerzo por corregir las injusticias.

Conclusión

Al enfrentar la realidad de tener sólo un año de vida, la mayoría haría ajustes grandes en sus vidas. La verdad del asunto es, sin embargo, que ninguno de nosotros sabe si tiene un día más, mucho menos un año más. Puede ser que los cambios que haríamos si contáramos sólo con un año más debiéramos hacerlos independientemente de cuánto tiempo nos quede.

ESCENARIO CAMBIANTE

"Porque la apariencia de este mundo se pasa." (1 Corintios 7:31)

Introducción

La imagen del versículo procede del escenario cambiante de un drama representado en un teatro. La vida humana, en sí, es un drama, y sus condiciones y mutaciones son simplemente las escenas que constantemente cambian.

I.   El Año Nuevo ofrece una buena oportunidad para considerar la importancia de la vida. Debemos estar seguros que somos los actores en un drama verdadero y sincero.

II. El Año Nuevo ofrece una buena oportunidad para distinguir entre lo esencial y lo que son el escenario y las escenas de una obra.

III. El Año Nuevo ofrece una buena oportunidad para desarrollar la parte que corresponde al escenario de la ocasión: Arrepentirse, resolver, renovar según demande la necesidad personal.

—S. B. Dunn

SEA RESUELTO

"Pues me propuse . . ." (1 Corintinos 2:2a)

Introducción

Lo que hagamos con el tiempo después del primero de enero es un asunto de suma importancia. El doctor Joseph Parker solía decir: "Algunas mentes no tienen cordilleras que las atraviesen. Son *llanas.*"

Si de vez en cuando no tomamos resoluciones definidas, nuestras vidas estarán desprovistas de propósitos soberanos y, por lo tanto, sin fruto.

Consideremos tres palabras del apóstol Pablo en 1 Corintios 2:2, "Pues me propuse . . ." y veamos si es posible comenzar una cordillera en nuestras vidas.

I. **Me propongo colocar a Cristo delante de mí**

A. El Salmo 16:8 dice: "A Jehová he puesto siempre delante de mí; porque está a mi diestra, no seré conmovido."

B. En todo lugar, empleo, condición, compañía, diversión, diré: "Señor, habita aquí delante de mí." *Practicaré la presencia de Cristo.* Las cosas se revolucionarán al punto de poder decir: "No seré removido."

II. **Me propongo presentarme a Dios aprobado**

A. Esto se logra a través del estudio de su Palabra (2 Ti. 2:15: "Procura con diligencia presentarte a Dios aprobado, como obrero que no tiene de qué avergonzarse, que usa bien la palabra de verdad").

B. El hombre de Dios es un hombre que medita (Sal. 1:2, 3). Esta es la llave a la verdadera prosperidad (Jos. 1:8).

C. Naufragó un barco y las lanchas de salvamento se alejaban. Dos marineros regresaron apresuradamente al barco porque se les había olvidado el compás. Cuando comenzamos el viaje en el mar desconocido de un año nuevo, debemos asegurarnos de que llevamos el compás (Sal. 119:11).

III. **Me propongo tomar mi lugar como un guerrero de oración**

A. Efesios 6:18 dice: "Orando en todo tiempo con toda

11

oración y súplica en el Espíritu, y velando en ello con toda perseverancia y súplica por todos los santos."

B. La necesidad principal en el trabajo de Dios hoy en día son hombres y mujeres poderosos en la oración. Esto es aun más importante que los sermones. Satanás se ríe de nuestras actividades cuando los cristianos no se dedican completamente a la oración.

Conclusión

"En cuanto a mí." Revise las tres resoluciones mencionadas.

—K. L. Brooks

UN PROBLEMA DE AÑO NUEVO

*"Estad firmes y constantes, creciendo en la obra del Señor
siempre."* (1 Corintios 15:58)

Introducción

El comienzo de un año nuevo da la pauta a los negocios para
determinar nuevos reglamentos, ¿por qué no tener un programa
nuevo en la vida? Compartimos aquí uno que es verdaderamente
útil.

I.   Una vida amoldada

Lot fracasó en su intento de acomodarse, mientras que
Abraham llegó a tener una relación más íntima y feliz con Dios.
La Palabra nos enseña que un cristiano bien amoldado es una
persona bien ajustada.

II.   Una vida estable

Una vida que evita el movimiento constante provee
tranquilidad interna.

III.   Una vida fructífera

Una vida abundante resulta después de haber tenido un
adecuado cultivo y alimentación.

IV.   Una vida de comunión

El compañerismo con otros en el camino resulta en una
vocación más digna y congenial.

V.   Una vida segura

Permitir que Dios haga su voluntad en nuestras vidas
siempre tendrá un resultado garantizado por la integridad divina.

LECCIONES DE LA ENTRADA TRIUNFAL DE CRISTO

Introducción

Hay mucho que podemos aprender del evento de la entrada triunfal de Cristo en Jerusalén y los sucesos que la rodean.

Note por lo menos lo siguiente:

I.   **Aunque como disfrazado por la encarnación y pobre, todavía es Rey de este mundo**

II.   **Es el Príncipe de Paz y sus victorias se realizan a través de las armas de la paz**

III.   **Deberíamos dar con gusto para su servicio cualquier cosa de la que tenga necesidad**

IV.   **El Señor puede usar aún a la más humilde de sus criaturas**

V.   **Cristo produce gozo por dondequiera que va**

VI.   **Cristo nos anima a expresar nuestros gozos internos**

VII.   **Aun en medio de la victoria, existen el pecado y la tristeza**

VIII.   **Los momentos de mayor victoria frecuentemente son precedidos por momentos de mayor prueba**

IX.   **Cristo será aún el Rey que triunfe sobre todo**

LA ENTRADA TRIUNFAL

"¡Hosanna al Hijo de David! ¡Bendito el que viene en el nombre del Señor! ¡Hosana en las alturas!" (Mateo 21:9)

Introducción

Al considerar la escena triunfante de su entrada en Jerusalén, hay varias cosas importantes que debemos observar para el presente.

I.   El camino debe ser preparado para Jesús

Esto se hizo y se hace por sus discípulos. Él va en su marcha triunfante a través del mundo al mismo tiempo que vamos con y delante de Él, para dar a conocer su camino. El Espíritu de Dios usa los instrumentos humanos para esparcir la palabra de la venida del Rey.

II.   El camino es un camino costoso

Se tendían y se tienden mantos en el camino por el que caminaba. Tender los mantos es como una manifestación de que dedicaron a Jesús lo mejor de ellos mismos; nosotros también debemos tender en su camino aquello que es lo mejor que tenemos: las posesiones, el tiempo, los talentos, las necesidades de la vida y posiblemente aún la vida misma. Nada es demasiado costoso para dedicarlo a un Rey como Jesús.

III.   El camino debe ser un camino de belleza

La carretera de la salvación por la cual Jesús camina no debe parecer como un camino duro y polvoroso, sino debe ser representado de tal forma por los que caminan con Él que el mundo lo vea como un camino placentero y un sendero de paz.

IV.   El camino debe estar marcado por el entusiasmo

La gente que estuvo allí hace años no tuvo miedo de gritar. Expresaron su emoción en arrebatos típicos de la emoción oriental. Les faltaba comprensión y sinceridad en su expresión, pero aún así hicieron que las paredes temblaran y los montes resonaran con sus gritos. Cuánto más debemos nosotros, que conocemos mucho más que ellos, regocijarnos y causar que otros escuchen nuestro regocijo. Esta nota de gozo es frecuentemente la nota que se echa a faltar en nuestro tiempo.

—James H. Snowden

LA MAJESTAD DE CRISTO

"Y en su vestidura y en su muslo tiene escrito este nombre: Rey de reyes y Señor de señores" (Apocalipsis 19:16)

Introducción

El Domingo de Ramos es el día de la majestad, la majestad de Cristo. Isaías nos hace la promesa de un Cristo venidero. Juan el Bautista proclama e identifica a un Cristo presente. Pablo predica el evangelio de un Cristo crucificado. Juan nos da la visión de un Cristo entronizado.

Consideremos cuidadosamente al Cristo entronizado.

I. ¿Quién es éste que está en el trono?

Al verlo en el pesebre de Belén, como un niño en el templo, durante su bautismo en el Jordán o en·la cruz, no parece ser muy majestuoso.

II. ¿Dónde está su trono?

Hoy día no es un trono del todo obvio. Debemos recordar, sin embargo, que ha habido ocasiones cuando los reyes más grandes han estado a veces sin trono y sus reinados parecían invisibles.

III. ¿Fueron incorrectas las profecías?

¿Estuvieron equivocados los que profetizaron que Jesús vendría? ¿Los engañaron o eran falsos profetas? No si las leemos con cuidado.

A. David dijo: "Cetro de justicia es el cetro de tu reino" (Sal. 45:6). Al decirlo indicó que reconocía el hecho de que había algo infinitamente más grande que un reino político y que Cristo tendría esa clase de reino.

B. Los profetas (en especial Isaías) predijeron que el rey serviría y sufriría al igual que reinaría.

IV. ¿Qué evidencia da de su realeza?

A. Su regio y asombroso dominio propio.

B. Su activa y constante bondad.

C. Su amor que fluye como un río.

D. Su poder demostrado través de la omnipotencia.

LAS TRES CRUCES EN EL CALVARIO

"Y cuando llegaron al lugar llamado de la Calavera, le crucificaron allí . . ." (Lucas 23:33)

Introducción

En todos los tiempos en la historia se ha evidenciado la maldad humana, pero probablemente no ha habido una demostración más gráfica que la que hubo en el Calvario en ese viernes al que llamamos "santo".

I.   Los motivos de la maldad

El hecho de que Cristo fuera crucificado entre dos malhechores de cierta magnitud nos hace preguntarnos qué fue lo que motivó a los gobernantes a actuar de esa manera. Ofrecemos dos sugerencias:

    A.   Hacer que su muerte fuera tan ofensiva y odiosa como fuera posible.

    B.   Para así difamarlo como un criminal.

II.   Los resultados de la maldad

La mayor parte de los resultados de su maldad no fue vista por ellos. Incluía:

    A.   La cruz llegó a ser un tribunal, anticipando la escena del día del Juicio. Fíjese en el Juez al centro con un pecador a cada lado: uno arrepentido, el otro impenitente.

    B.   Un malhechor llegó a ser testigo del amor redentor y poderoso de Cristo.

III.   Las lecciones de la maldad

Hay algunas enseñanzas que podemos sacar de las tres cruces en el Calvario.

    A.   La misma cruz atrae y repele a la vez.

    B.   Los más desesperados pueden obtener misericordia.

    C.   Uno puede estar muy cerca de la misericordia y aún no alcanzarla.

    D.   La ira del hombre es usada por Dios para su propia gloria. Aun la maldad demostrada en el Calvario proveyó a la gracia de Dios de una oportunidad para operar.

LAS SIETE PALABRAS DESDE LA CRUZ

Introducción

Bien podríamos pensar que todas las palabras de nuestro Señor en la cruz han sido preservadas. Las siete palabras que nos han llegado representan en una forma maravillosa las siete frases más importantes del carácter de Cristo y su trabajo.

I.   La palabra del perdón

"Padre, perdónalos, porque no saben lo que hacen" (Lc. 23:34)

La palabra del *perdón* fue, probablemente, pronunciada cuando la cruz, con Cristo clavado a ella, fue levantada y enterrada en la tierra, con una agonía indescriptible para él. Se dio prisa para aplicar ese primer brote de sangre redentora. Su venida al mundo fue para que pudiera probar la disponibilidad de Dios para perdonar a los hombres, y ahora incluye en esa disponibilidad a sus asesinos, a los soldados crueles, a Caifás, Herodes, Pilato, y a todos los hombres por dondequiera.

II.   La palabra de salvación

"De cierto te digo que hoy estarás conmigo en el paraíso" (Lc. 23:43)

La palabra de *salvación* fue pronunciada alrededor del mediodía. Uno de los ladrones, movido por su porte y palabras de tierno perdón, y quizás habiendo tenido previo conocimiento de Jesús, reprochó los comentarios del otro ladrón y pidió la ayuda de Cristo para obtener la felicidad eterna. ¡Qué listo estuvo Jesús para dársela! Había venido para eso, para buscar y salvar lo que se había perdido.

III.   La palabra de amor

"Mujer, he ahí tu hijo . . . he ahí tu madre" (Jn. 19:26, 27)

La palabra de *amor*. José, juzgando por el silencio de las Escrituras, parece que murió mucho antes, y María era viuda. Algunos mantienen que Cristo se dirigió a María con imprecisión respetuosa como "Mujer", porque si le hubiera llamado "Madre" se hubiera expuesto al sarcasmo de los crueles soldados. Otros ven en las palabras: "Y desde aquella hora el discípulo la recibió en su casa", una indicación del deseo de Cristo de que María fuera llevada al instante por Juan, evitándole la agonía de verlo en la cruz. La devoción de Juan a su Señor moribundo, expuesto a los peligros de la cruz, es por lo tanto abundantemente recompensado. Como Juan se caracterizó por su gran amor personal, fue honrado con la compensación más grande del mundo.

IV. La palabra de expiación

"Dios mío, Dios mío, ¿por qué me has desamparado?" (Mt. 27:46)

La palabra de *expiación* indica que el Hijo de Dios bajó al hoyo más hondo de aflicción humana, el del sentido de abandono y total desorientación y, por lo tanto, llegó a una completa identificación con nuestra humanidad. Fue pronunciada hacia el fin de esa oscuridad misteriosa que llenó al país desde las doce hasta las tres de la tarde. El horror divino de ese momento resulta incomprensible al alma humana. Fue la oscuridad de la oscuridad. Sin embargo, Jesús creería y permanecería fiel. Dios era aún su Dios. "Dios mío", y en ese grito llegó la victoria.

V. La palabra de sufrimiento físico

"Tengo sed" (Jn. 19:28)

Esta fue la palabra de *sufrimiento físico*, como la cuarta fue la palabra de sufrimiento espiritual. La sed de Cristo debió ser como una tortura. Su cuerpo estaba expuesto, casi desnudo, al calor feroz del mediodía en Palestina. No hay agonía como la de la sed no saciada; es el grito de los heridos cuando yacen en el campo de batalla sin ser atendidos: "¡Agua! ¡Agua!" Cristo tuvo sed para que nosotros no la tuviéramos, para que pudiéramos recibir de Él el don del agua de vida que nos causará no tener sed jamás.

Las Escrituras cumplidas en este grito son Salmo 22:15; 69:21. Sólo cuando todo lo demás había sido atendido ("Sabiendo que ya todo estaba consumado") entonces Cristo atendió a sus propias sensaciones físicas. Empaparon una esponja, ya que era dificultoso el uso de un vaso, y la pusieron en un hisopo y le acercaron aquel tonificante a su boca. Todo lo que se requería era una caña de un metro de largo, ya que el crucificado no estaba muy elevado. Había rehusado la bebida adormecedora que hubiera aletargado sus facultades; acepta lo que las reavivaría para el esfuerzo de una entrega voluntaria de su vida.

VI. La palabra de triunfo

"Consumado es" (Jn. 19:30)

La palabra de *triunfo* es una expresión del griego y ha sido llamada "la palabra de mayor importancia que jamás fue pronunciada". Ningún otro hombre, desde el comienzo del mundo, pudo haber pronunciado esa palabra como Jesús lo hizo. Había vivido una vida perfecta, una vida completa en la que no hubo errores, omisiones ni defectos. La expiación fue completa porque fue el ofrecimiento de una vida perfecta. En un sentido nada de lo que Él hizo terminó, pero el sacrificio expiatorio fue ofrecido una vez por todas. Nuestro Señor vio una luz que cruzaba el pasado y se proyectaba hacia adelante al futuro.

VII. La palabra de reunión

"Padre, en tus manos encomiendo mi espíritu" (Lc. 23:46)

La palabra de *reunión* fue pronunciada a las tres de la tarde, la hora para el sacrificio de la tarde. El último acto de nuestro Señor al encomendar su espíritu al Padre fue sólo un resumen de lo que había hecho toda su vida. Había estado ofreciendo este sacrificio todos los años. El pensamiento del Padre penetró y posesionó la vida total de nuestro Señor. ¿Nos sorprende que acudiera al Padre al final con perfecta confianza?

LA SUSTITUCIÓN DE CRISTO

(Se presenta aquí un interesante y sugestivo estudio de palabras que claramente demuestra la grandeza de la obra de Cristo. Es idóneo para ser usado tal cual está o para ser adaptado como material para un sermón.

Introducción

El apóstol Pablo, al escribir a la Iglesia de Corinto, dijo: "Y yo con el mayor placer gastaré lo mío, y aun yo mismo me gastaré del todo por amor de vuestras almas" (2 Co. 12:15). La proposición *huper*, traducida *por*, es la que Pablo usa y es aplicada a Cristo como el que no sólo estaba dispuesto, pero que lo "gastó" y "fue gastado" al actuar en beneficio nuestro. La palabra significa "proteger" (como una pájara protege a sus pajaritos aun al punto de sacrificar su vida); "hacerlo en bien de otro", por lo tanto actuando en su lugar como cuando el sacerdote ofrecía "sacrificios por los pecados" en favor de otro (He. 5:1). A continuación encontramos ilustraciones de cómo Cristo actuó tan fiel y completamente a favor de los que creen en él. La preposición *huper* aparece en cada caso y se traduce "por".

Cristo como el dador. "*Por* vosotros es dado" (Lc. 22:19; 1 Co. 11:24).

Cristo como la expiación. "*Por* vosotros se derrama" (Lc. 22:20).

Cristo como el pan. "El pan . . . *por* la vida del mundo" (Jn. 6:51).

Cristo como el buen pastor. "El buen pastor su vida da *por* las ovejas" (Jn. 10:11).

Cristo como el voluntario. "Pongo mi vida *por* las ovejas" (Jn. 10:15).

Cristo como la provisión para impíos y pecadores. "Cristo murió *por* los impíos" (Ro. 5:6); "Cristo murió *por* nosotros" (Ro. 5:8).

Cristo como la pascua. "Nuestra pascua, que es Cristo . . . sacrificada *por* nosotros" (1 Co. 5:7).

Cristo como el cumplimiento de las Escrituras. "Cristo murió *por* nuestros pecados, conforme a las Escrituras" (1 Co. 15:3).

Cristo como el portador de los pecados. "*Por* nosotros lo hizo pecado" (2 Co. 5:21).

Cristo como el libertador. "Se dio a sí mismo *por* nuestros pecados para librarnos" (Gá. 1:4).

Cristo como sustituto. "Se entregó a sí mismo *por* mí" (Gá. 2:20).

Cristo como portador de la maldición. "Hecho *por* nosotros maldición" (Gá. 3:13).

Cristo como el sacrificio. "Se entregó a sí mismo *por* nosotros, ofrenda y sacrificio a Dios en olor fragante" (Ef. 5:2).

Cristo como el amante. "Amó . . . se entregó a sí mismo *por* ella" (Ef. 5:25).

Cristo como el salvador. "Salvación *por* medio de nuestro Señor Jesucristo, quien murió *por* nosotros" (1 Ts. 5:9, 10).

Cristo como el rescate. "En rescate *por* todos" (1 Ti. 2:6).

Cristo como el redentor. "Se dio a sí mismo *por* nosotros para redimirnos" (Tit. 2:14).

Cristo como el pariente. "Gustase la muerte *por* todos" (He. 2:9).

Cristo como el sacrificio. "Sacrificio *por* los pecados" (He. 10:12).

Cristo como la víctima. "Padeció *por* nosotros" (1 P. 2:21).

Cristo como el reconciliador. "Justo *por* los injustos, para llevarnos a Dios" (1 P. 3:18).

Cristo como ejemplo. "Cristo ha padecido *por* nosotros . . . también", etc. (1 P. 4:1).

Cristo como el inspirador. "Él puso su vida *por* nosotros; también nosotros debemos . . ." (1 Jn. 3:16).

—S. R. Briggs

EL CUADRO EN LA CRUZ

Mateo 27:26, 33-51

Introducción

Encontramos palabras intrigantes en el versículo 36: "Y sentados le guardaban allí." Al estar sentados, vigilando, ¿qué veían?

I. La persona en la cruz

    A. La crucifixión era algo tan común en aquellos días que no atraía la atención.

    B. Sin embargo, encontramos algunos factores notables:

        1. El rechazo del sedante.

        2. El excesivo castigo físico.

        3. La inscripción profética.

        4. La reacción de la naturaleza.

        5. La rasgadura en el velo del Templo.

    C. Este hombre es identificado por los mismos que entre la multitud se burlaban de Él (aun aquí la ira del hombre glorifica a Dios).

II. El evento en la cruz

    A. La culminación de la historia.

        1. La promesa a Adán y Eva (Gn. 3:15).

        2. El llamamiento de Abraham (Gn. 12:1-3).

        3. La fundación de Israel (la nación era "la cuna de un rey").

        4. Todos los símbolos y ritos religiosos.

        5. Toda la profecía hasta ese momento.

    B. El punto focal de la historia posterior.

    C. La línea divisora en la experiencia espiritual. En Pablo la cruz llegó a ser el centro, y la posición de un hombre se decide por el lado de la cruz en que se para.

III. La victoria en la cruz

    A. Las demandas de Satanás fueron canceladas.

    B. Los sufrimientos de Cristo se terminaron.

    C. Los sufrimientos del hombre se acabaron en Cristo.

IV. La gente en la cruz

Ahora regresamos al versículo 36. ¿Quiénes eran los que estaban sentados allí y le miraban?

A. La gente común con su menosprecio burlador.
B. Los líderes religiosos con su menosprecio blasfemador.
C. Los ladrones, con el desprecio de la duda de uno de ellos.
D. Las mujeres con su devoción temerosa.
E. Los soldados romanos.
    1. De peor actitud que los demás antes de la crucifixión.
    2. Después dominados por el reconocimiento.

LA DESPEDIDA DE NUESTRO SEÑOR DEL MUNDO

Mateo 26:29

Introducción

Nuestro Señor hizo un comentario impresionante a sus discípulos cuando estuvo con ellos en la mesa compartiendo la última cena. Dijo: "Desde ahora no beberé más de este fruto de la vid, hasta aquel día en que lo beba nuevo con vosotros en el reino de mi Padre." Observemos qué fue lo que expresó nuestro Señor.

I. Su renuncia a los gozos y comodidades de la vida

Desde ese momento en adelante Cristo no participaría de esas cosas porque ahora tiene otra obra que realizar y su amor compasivo hacia la humanidad le constreñía a hacerlo.

II. Su despedida del mundo

Cristo no vivió como un asceta y no muere como uno. No hay quejas. Pone a un lado la copa con la misma alegría con que la tomó.

III. Su anticipación a la muerte

Cristo anticipaba mejores días, mejores banquetes, vino más fresco. Se refería ya sea a la segunda venida y el establecimiento de su reino o a los gozos del cielo. En cualquier caso, fueron palabras impresionantes. Si hace referencia a la segunda venida, habla de un tiempo cuando la copa gloriosa de vino con el mejor vino de la Nueva Jerusalén se pasará de boca en boca. Si la referencia es del cielo, entonces habla del hecho de que los gozos del cielo son sociales y es un lugar donde Él es feliz y feliz con su pueblo.

—Adaptado de C. H. Spurgeon

EL SEÑOR RESUCITADO

"Ha resucitado el Señor verdaderamente" (Lucas 24:34)

Introducción

Este es el día en que toda voz proclama: "Ha resucitado." Fue sepultado, pero resucitó por el maravilloso poder de Dios, y la muerte es absorbida en su victoria.

I. El objeto de la resurrección
   A. Para nuestra justificación (Ro. 4:25).
   B. Para que fuéramos considerados dignos de la vida eterna (Jn. 10:10; 11:25, 26).

II. El resultado de la resurrección
   A. El creyente resucita con Él (Col. 2:12).
   B. El creyente es engendrado nuevamente a una esperanza viva (1 P. 1:3-5).

III. La demanda de la resurrección
   A. Una vida consagrada (Ro. 6:14; 11:14).
   B. Para que estemos en el mundo pero no seamos de él (Jn. 17:11, 16, 19; Col. 3:1-4).
      1. Andando como es digno (Col. 1:10, 11; 2:6, 7).
      2. Viviendo para Cristo (2 Co. 5:15, 17).
      3. Cumpliendo el poder de su resurrección (Fil. 3:9-14; 1 P. 3:21).

LA RESURRECCIÓN

*(El bosquejo que sigue es un análisis tipo sermón de todo el
capítulo de 1 Corintios 15 con atención especial
a la forma como se agrupa alrededor de la resurrección.)*

Introducción

En tiempos como los nuestros necesitamos estar seguros en cuanto a la eternidad. Tal seguridad es posible y un pasaje como éste nos lo demuestra.

I. **La importancia de la resurrección (vv. 1-4)**
   A. Se destaca extensamente en las Escrituras.
   B. Es un punto focal del conflicto eterno entre Cristo y Satanás.
   C. Es un tema de investigación y prueba histórica.

II. **La seguridad de la resurrección (vv. 20-23)**
   A. El principio de las primicias. Las primeras cosechas del trigo se presentaban al Señor para simbolizar que la cosecha total le pertenecía y también que él recibiría el diezmo requerido.
   B. La compra de la vida. Cristo compró la vida y trajo a luz la inmortalidad en la Pascua.

III. **El método de la resurrección (vv. 35-38, 42-44)**
   A. La ilustración de la naturaleza: la semilla debe ser sembrada para que crezca y el producto final es muy diferente a lo que originalmente se plantó.
   B. El cuerpo resucitado será uno diferente. Será espiritual y no físico.

IV. **El significado de la resurrección (vv. 54-57)**
   A. Se quebranta el poder y la fuerza de la muerte. La muerte y el sepulcro han perdido su carácter definitivo.
   B. El camino a la victoria se abre a través del Señor Jesucristo.

EL HECHO DE LA RESURRECCIÓN

"No está aquí, pues ha resucitado, como dijo." (Mateo 28:6)

Introducción

La escena que presentan las Escrituras de aquella primera mañana de Pascua es de una belleza deslumbrante. Pocas escenas hay en las Escrituras o en la historia que puedan rivalizar con la majestad de aquella mañana.

I. Las objeciones engañosas
   A. Algunos dicen que los milagros son imposibles.
   B. Todos enfrentan el hecho de que la historia debe ser explicada. Algunos intentos son:
      1. Que Cristo se desmayó y luego volvió en sí y escapó de la tumba.
      2. Los discípulos robaron el cuerpo.
      3. Los discípulos (y todos sus seguidores) tuvieron alucinaciones.

II. Los testigos excelentes
   A. Todas las objeciones mencionadas reciben su respuesta cuando nos percatamos de que los discípulos arriesgaron sus propias vidas y testimonio sobre el hecho de la resurrección.
   B. Las objeciones no pudieron demostrarse en aquellos días. Habría sido el fin del cristianismo aun antes de que empezara.

III. El hecho maravilloso
   A. La resurrección es un hecho histórico comprobado.
   B. Por lo tanto la fe cristiana permanece, siendo lógica y razonable, pues es un hecho histórico irrefutable.

IV. El significado glorioso
   A. La autentificación de Cristo. La resurrección demostró la verdad de sus predicciones y la autoridad de su obra.
   B. La derrota de Satanás. Su poder y dominio fueron quebrantados y los propósitos de Dios fueron vindicados.
   C. El poder dado a los santos. La vida auténtica se hizo posible con poder auténtico para vivirla. "Porque yo vivo, vosotros también viviréis."

CRISTO: LA RESURRECCIÓN Y LA VIDA

"Yo soy la resurrección y la vida . . ." Juan 11:25, 26.

Introducción

La muerte y resurrección de Cristo son los dos hechos mayores y fundamentales sobre los cuales descansa el cristianismo. Por lo tanto, dice el apóstol: "Si Cristo no resucitó . . . vana es también vuestra fe."

¿Qué evidencias tenemos de que estos eventos sí sucedieron?

A. Fueron eventos públicos.
B. Fueron vistos por un gran número de personas.
C. Fueron escritos en un libro en esa época.
D. Se levantaron monumentos para conmemorar esos eventos: *El día del Señor y La Cena del Señor.*

Además del gran milagro de la resurrección de Cristo, milagros similares fueron realizados por los apóstoles y el mismo Salvador. Uno de los más interesantes y que llamó mucho la atención fue la resurrección de Lázaro.

Vengan conmigo al hogar de Lázaro y observemos:

I. Los hechos declarados

"Yo soy la resurrección y la vida."

"Yo soy el autor y la causa de la resurrección. Depende tanto de mí que puede decirse que yo soy la misma resurrección." Esta es una forma fuerte de expresión y es usada frecuentemente. Se dice que se hizo por nosotros sabiduría, justicia, santificación y redención.

II. La promesa

Hay apenas, en todo el compás del Apocalipsis, una promesa más hermosa y más extensa que ésta. Note:

A. *Las personas a quienes se aplica.* "El que cree en mí."
B. *La naturaleza de la promesa.*
   1. Los muertos vivirán. Parecería que esto hace referencia a los que están muertos físicamente. El que cree y está en la tumba, aunque su cuerpo se desmorona allí, será restaurado. Jesús ilustró esto en el caso de Lázaro.
   2. Los que viven nunca morirán. Para el creyente la maldición ha desaparecido, y la última hora es una *¡hora de victoria, de glorioso triunfo!*

III. La apelación

"¿Crees esto?"

Permítanme aplicar esta frase en un contexto un poco más amplio de lo que fue la intención del texto.

A. *Al arrepentido*. Estás ansioso por obtener el perdón; sientes que debes ser perdonado o morirás. Escucha lo que se te dice en Isaías 1:18; Jeremías 31:34; 2 Corintios 5:19. "¿Crees esto?"

B. *Al alma que duda*. No estás seguro de que tus pecados han sido perdonados. Deseas escuchar la voz de Dios, de saber que tu nombre está en el Libro de la Vida. Deseas la presencia del Espíritu. Este es un privilegio que se da cuando crees (Hch. 15:8; 1 Jn. 5:19) como evidencia de nuestra adopción (Ro. 8:16) y como una evidencia de Cristo en ti (1 Jn. 3:24), una evidencia de Dios en ti (1 Jn. 4:13). "¿Crees esto?"

C. *A los creyentes*.

1. Es tu obligación esforzarte para librarte del pecado, para ser como Cristo y amar a Dios con todo tu corazón. Esto se promete (Ez. 36:25; Jer. 33:8; 1 Ts. 5:23; Col. 2:10). "¿Crees esto?" ¿Cuál es tu respuesta?

2. Dios se ha preocupado por proveerte con cada bendición temporal necesaria: Salmo 37:28; Mt. 10:30, etc. "¿Crees esto?"

3. Existe un cielo glorioso provisto para ti y prometido a ti.

—Pulpit Aids

EL AMOR EN LA ÉPOCA DE LA RESURRECCIÓN

"Cuando pasó el día de reposo, María Magdalena, María la madre de Jacobo, y Salomé compraron especias aromáticas para ir a ungirle" (Marcos 16:1)

Introducción

Los eventos del Viernes Santo demostraron claramente el amor de Dios y el del Señor Jesucristo. En el tranquilo ambiente de la resurrección podemos ver nuestra obligación de responder al amor de Dios en Cristo. Las mujeres que vinieron al sepulcro nos enseñan varias lecciones acerca del amor.

I. El amor verdadero conduce a la acción

A. El amor llevó a esas mujeres a buscar a Jesús esa mañana. Algunas de ellas fueron las últimas en la cruz y las primeras en el sepulcro.

B. El amor impulsó a esas mujeres a llevar un regalo costoso de especias aromáticas. Esto demuestra cómo el amor verdadero hace voluntariamente sacrificios grandes.

II. El amor nos conduce a buscar a Jesús temprano

Las Escrituras dan énfasis al hecho de que las mujeres llegaron temprano en la mañana. Nos enseña la hora en que debemos buscar al Señor si le amamos.

A. Temprano en la vida (Pr. 8:17; Ec. 12:1).

B. Temprano en el día (Sal. 55:17). Nos permite estar con Él cuando nuestra mente está fresca y alerta.

C. En las primeras etapas de todo. No después de que las circunstancias, etc., se han amontonado al punto de la desesperación.

III. El amor verdadero enfrenta frecuentemente dificultades

Las mujeres se enfrentaron con la piedra que tapaba la entrada de la tumba (por lo menos así lo creían).

A. El arrepentido frecuentemente enfrenta la ignorancia, la incredulidad y amigos burlones.

B. El creyente se enfrenta al mundo, las dudas y la carne, etc.

C. La iglesia enfrenta la división y falta de armonía, el orgullo, la mundanalidad, la indiferencia, etc.

Cuando existe el amor verdadero aparecerán obstáculos que no permitirán expresarlo.

IV. El amor verdadero sigue hacia adelante

Las mujeres podían haber desistido de ir porque sabían que se enfrentarían con los soldados, una piedra y un sello. Rehusaron ser disuadidas por lo que ellas estaban seguras sería difícil. Cuando existe el amor verdadero, seguirá adelante a través de los obstáculos.

V. El amor verdadero encuentra su recompensa

Aquellos que siguen adelante a pesar de la dificultad siempre encuentran más de lo que anticipaban.
   A. Las mujeres buscaban el cuerpo de Jesús y encontraron un ángel y un Salvador vivo.
   B. Los que buscan con sinceridad siempre encuentran más de lo que pensaban hallar.

LA RESURRECCIÓN DE CRISTO

¿Por qué buscáis entre los muertos al que vive?" (Lucas 24:5)

Introducción

El amor con que el Salvador inspiró los corazones de sus discípulos, especialmente el de las mujeres que le siguieron, no fue mitigado por las muchas aguas de su pasión y muerte. Viajemos para contemplar el lugar donde lo sepultaron. Consideremos, primero, las evidencias y, luego, los propósitos de la segunda vida de Jesús, la vida después de la resurrección.

I.   Las evidencias de la resurrección de Cristo

   A. Evidencia externa.

      1. Jesús verdaderamente murió. Un millón y medio de testigos atemorizados le vieron morir.

      2. Jesús verdaderamente fue sepultado. El enterramiento no siempre se concedía a criminales crucificados, pero la providencia anuló la sordidez de los escribas y fariseos cautelosos con el fin de multiplicar a los testigos que presenciaron la resurrección.

      3. De alguna manera el sepulcro quedó vacío el tercer día. Existen dos teorías de cómo esto sucedió.

         a. Los gobernantes dijeron que el cuerpo fue robado. Es manifiesto que los enemigos de Jesús no lo habían robado. La idea que los discípulos lo hubieran hecho no era probable. Hubieran sido 12 (en realidad 11) hombres temerosos contra un guardia armada de 60 en una ciudad ocupada por una multitud nerviosa.

         b. Los discípulos dijeron que había resucitado, y ésta es la posición a la que llega el investigador honesto, de acuerdo a las evidencias.

   B. Evidencia interna.

      1. Considere la persecución que los discípulos enfrentaron, surgida de su determinación de testificar sobre la resurección.

      2. Considere el continuo fracaso de los enemigos de Jesús de presentar el cuerpo cuando tal acto habría terminado finalmente con la controversia.

II. Los propósitos de la resurrección

La resurrección debe cumplir sus propósitos en nuestras vidas.

A. Es una manifestación, una vindicación de la antigua profecía, así como del carácter personal del Mesías.

B. Es un sello de la aceptación del sacrificio de Jesús y, como consecuencia de eso, es el momento trascendente de confirmar las esperanzas del mundo.

C. Es la seguridad de nuestra propia resurrección, una garantía de inmortalidad para la raza por la que el segundo Adán murió.

D. Es un gran estímulo. Hay un gran error en la cristiandad de hoy día, el de ir en la dirección de creer en un Cristo muerto. No está muerto, está vivo; viviendo para escuchar a los que oran y perdonar el pecado.

—W. M. Punshon

LA PAZ DE LA RESURRECCIÓN

"Paz a vosotros." (Juan 20:19)

Introducción

Estas fueron las primeras palabras del primer sermón de Pascua. Fueron dichas a los que se juntaron en la tarde del primer día de resurrección. Han traído una paz cuádruple a los que las han escuchado.

I. La paz concerniente a Jesús

Por supuesto que estaban preocupados por lo que concernía a Jesús. Habían esperado mucho de Él y Él había permitido que lo asesinaran. Llegaron las sorpresas del día de la Resurrección cuando informaron que su cuerpo ya no estaba en la tumba. La situación se complicó. Unos cuantos se juntaron para discutir lo sucedido y, quizás, hacer sus propios planes para el futuro. Luego Él apareció entre ellos diciendo: "Paz a vosotros". Ahora se dieron cuenta que todo estaba bien en cuanto a Jesús.

II. La paz concerniente a ellos

Habían estado muy emocionados acerca de sí mismos. Desde que les había llamado a "seguirle", casi no habían hecho otra cosa. Habían escuchado sus impresionantes palabras y habían sido testigos de sus obras poderosas, y habían soñado con imperios. Ahora todavía había cambiado.

Recordaron que trató de prepararlos para la desilusión. Seguramente que les había señalado la sombra de la cruz. Parecía como que tendrían que regresar a sus barcas como pescadores. Luego Él apareció.

El camino que habían perdido en las profundidades del Getsemaní lo habían encontrado otra vez en las alturas de la espléndida tarde del día de Resurrección, en la palabra y presencia del mismo Señor, y los guió de nuevo a Galilea, y, por consiguiente, a todo el mundo, en el servicio más alto jamás dado a los hombres. Al encontrar a Jesús se encontraron a sí mismos.

III. La paz concerniente al temor de los judíos

Los que crucificaron al Maestro, ¿tratarían con menos crueldad a los discípulos?

Por lo tanto los discípulos cerraron las puertas, "por miedo de los judíos" cuando convocaron su asamblea solemne aquella primera noche de Pascua. Pero a través de las puertas cerradas, pasando al posible centinela y en medio de ellos apareció Jesús, calmando sus temores y diciendo "Paz a vosotros". Puestos a la defensiva, los judíos temían ahora tanto por sus propias vidas que los discípulos ya no corrían peligro de parte de ellos. Y así, con Jesús a su lado el creyente mora siempre en una seguridad de cuerpo y alma, porque el Señor lo librará de todos.

IV. La paz en cuanto al perdón de pecado

El pecado vino al mundo para destruirlo, pero Cristo había venido para destruir el pecado, y cuando pagó por ellos en el Calvario, aseguró la salvación para todos los creyentes.

Por lo tanto, la primera palabra de Jesús a sus discípulos fue una palabra de paz y perdón de pecados. De allí en adelante la paz en la tierra y la buena voluntad para con los hombres fue posible porque había paz con Dios. Cuando las naciones creen en Dios y confían en Él, hay paz; cuando odian a Dios y lo rechazan, hay guerra. Siempre ha sido así y siempre lo será. En la actualidad las naciones han olvidado a Dios, y Él los ha abandonado a sus propias malignas maquinaciones para mostrarles cuán impotentes son sin Él. Pero han traido sobre si el conflicto, el derramamiento de sangre y el dolor de la guerra universal y no pueden culpar a nadie más que a sí mismos, porque en medio de ellas, especialmente en este momento santo de Pascua, está el Hijo de Dios rogándoles y diciendo: "Paz a vosotros . . . mi paz os doy".

—E. A. Repass

ALGO NUEVO PARA EL DÍA DE RESURRECCIÓN

*". . . si alguno está en Cristo . . . nueva
criatura . . ."* (2 Corintios 5:17)

Introducción

Damos mucha importancia a las cosas nuevas para el día de Resurrección. Todos quieren un sombrero nuevo, un abrigo nuevo, etc. Esto que deseamos sólo son cosas temporales y pronto desaparecen. Dios quiere que tengamos algo nuevo y duradero. Dios quiere que tengamos un corazón nuevo para el día de Resurrección.

I.   La vieja creación

Esta es la razón por la que necesitamos algo nuevo para el día de Resurrección. El hombre natural está:

A. Poseído por una naturaleza pecaminosa y un corazón perverso.

B. Apartado de Dios.

C. Cargado con valores de baja calidad y normas que salen de una mente distorcionada.

D. Poseído por una vida aparente y atrofiada. No es feliz, no tiene propósito y está condenado. El hombre interior controla el hombre exterior y hecha todo a perder.

II.   La nueva creación

A. El hombre nuevo tiene una naturaleza nueva y un corazón nuevo.

B. El hombre nuevo tiene compañerismo con Dios.

C. El hombre nuevo tiene valores de alta calidad que proceden de la Palabra de Dios revelada para comprender y obedecer.

D. El hombre nuevo tiene una vida nueva.

III. La re-creación

A. El cambio se efectúa como resultado de una relación. El versículo dice "en Cristo" significando que Él debe ser aceptado como Salvador y el individuo debe tener relación con Él.

B. El cambio se ofrece a todos. Dice: "Si alguno", y la inclusión o exclusión queda en manos del individuo.

C. El cambio está fácilmente disponible. La decisión de aceptar lo que Cristo ha ofrecido queda en manos del hombre.

CATORCE APARICIONES DE CRISTO DESPUÉS DE SU RESURRECCIÓN

Introducción

Existen no menos de catorce apariciones de Jesús registradas en las Escrituras antes de que Pablo escribiera a la iglesia en Corinto y quince si incluimos la manifestación a Juan en la Isla de Patmos. Las catorce apariciones son las siguientes:

A. A **María Magdalena** (Jn. 20:14; Mr. 16:9).
B. A las **otras mujeres** (Mt. 28:9).
C. A **Pedro** (1 Co. 15:5; Lc. 24:34).
D. A los **dos discípulos** en el camino a Emaús (Mr. 16:12, 13; Lc. 24:13-32).
E. El día que apareció a sus **discípulos**, estando Tomás ausente (Jn. 20:19-24).
F. A los discípulos estando **Tomás** presente (Jn. 20:24-29).
G. En Galilea, junto al mar de Tiberias, a **Pedro, Juan, Tomás, Santiago, Natanael**, y **dos más** (Jn. 21:1-14).
H. A los **discípulos** sobre un monte en Galilea (Mt. 28:16).
I. A más de **quinientos hermanos** a una vez (1 Co. 15:6).
J. A **Santiago** (1 Co. 15:7).
K. A todos los **apóstoles** reunidos (1 Co. 15:7).
L. A todos los **apóstoles** en su ascensión (Lc. 24:50, 51; Hch. 1:9, 10).
M. A **Esteban** cuando era apedreado a muerte (Hch. 7:56).
N. A **Pablo** (1 Co. 15:8; Hch. 9:3-5; 22:6-10).

Tal masa de evidencia atestiguando de cualquier hecho sería aceptada como prueba positiva de su validez en un tribunal de justicia.

—S. R. Briggs

LA ASCENSIÓN

"Varones galileos, ¿por qué estáis mirando al cielo? Este mismo Jesús que ha sido tomado de vosotros al cielo, así vendrá como le habéis visto ir al cielo." (Hechos 1:11)

I. La ocasión del mensaje

A. Jesús había cumplido su gran obra. El pesebre, la cruz, la tumba eran todo cosa del pasado. Ahora acontece el último suceso.

B. Los discípulos se han reunido a su alrededor. El gran Obispo da su último mandato, el amigo amante su promesa final, el Maestro divino su última comisión, el Dios encarnado su última bendición.

C. Pensamos que en ese momento habría un silencio solemne; cada corazón está lleno de asombro al ascender Jesús de en medio de ellos. Ninguna mano lo puede tocar, ninguna voz le ruega que se quede. Sube más y más, ellos ven su sonrisa y la nube lo esconde.

II. La importancia del mensaje

A. Cristo Jesús, el hombre-Dios, el amigo tierno, el benefactor generoso, "este mismo Jesús" vendrá otra vez. Lo veremos más exaltado, pero no menos amoroso o familiar cuando regrese.

B. Tal como ascendió, sin indicarlo anticipadamente, así también descenderá súbitamente en las nubes y todo ojo le verá. Aquello fue como el tamaño de una mano comparado con lo que será; porque cuando venga traerá miles de sus santos con Él.

III. El propósito del mensaje

A. *Para redargüir.* "Varones galileos." Vuestro Señor ha sido vuestro compañero, pero recordad, no por eso es menos vuestro Señor. Haced como os manda. "¿Por qué estáis mirando al cielo" tan desconsolados? ¿No dijo acaso: "No os dejaré huérfanos"?

B. *Para consolar.* No existen palabras mejor calculadas que estas para lograrlo. Imaginemos al grupo mirándose unos a los otros. ¿No se acuerda acaso Tomás de su incredulidad? ¿Pedro, de su negación, de haberse quedado dormido en el Getsemaní, su ausencia en el momento de la crucifixión? ¿Juan, del momento cuando "todos lo abandonaron", al igual que la última cena y otras diez mil escenas que muestran su propia necedad y el bondadoso amor de Él?

C. *Para estimularles* en su obra.

—Stems and Twigs

EL PRIMER CASAMIENTO
Génesis 2:18-24

Introducción

A. Con razón el casamiento es el acto más transcendental en la vida humana. Los cristianos solo lo anteponemos en importancia la conversión: unión del alma con Dios por la eternidad.

B. El enlace matrimonial es la unión de dos personas para toda la vida: para ser felices, trabajar juntos, formar un hogar y dar lugar a nuevas generaciones.

C. En nuestro pasaje tenemos el primer casamiento de nuestra raza, lleno de encanto lírico. Algunas características lo hacen excepcional. Pero tiene muchos puntos de analogía con todo casamiento ideal.

I. Surgió de una necesidad (v. 18*a*)

A. Adán no se encontraba plenamente satisfecho con todos los animales. No podían entenderle. Él era tan superior, que resultaba imposible toda relación social con ellos. Ni física, ni intelectualmente tenían nada en común. Necesitaba algo más: "No era bueno . . ."

B. Y Dios que siempre ha buscado lo bueno para todos los humanos ideó el matrimonio. Pero esperó a que Adán sintiera la necesidad de una compañera.

II. Fue preparado por Dios mismo (v. 18*b*)

A. Dios mismo ideó y formó la mujer que convenía a Adán. Los hombres y las mujeres que han encomendado a Dios un asunto tan importante como el matrimonio han podido tener un casamiento feliz y próspero.

B. Los jóvenes a veces suelen impacientarse. Dios ve su necesidad como vio la de Adán.

III. Hubo identidad (v. 23)

Ha de haber una identidad moral. Se requiere en todo matrimonio:

A. Identidad de posición. Muchos matrimonios han sido arruinados por su diferencia de posición social. Es curioso que Eva no fue tomada de la cabeza para gobernarle o de los pies para ser pisado por él, sino de una costilla de Adán: para indicar su igualdad de derechos. Bajo su brazo, para protegerla. De junto al corazón, para amarla.

B. Identidad de principios e ideales. 2 Corintios 6:14, 15 es un principio que debiera tener todo joven cristiano en su vida.

IV. Fue establecido para facilitar la obra de servir a Dios

A. Por la procreación. Criar a una familia en disciplina y amonestación del Señor.

B. Por la comunión con El ¡Cuán dulce resulta el culto familiar!

C. Por la obediencia (Pr. 3:5, 6).

Conclusión

A. Los cuentos infantiles suelen terminar diciendo: "Se casaron y fueron felices". Nosotros deseamos que en medio de las turbulaciones de la vida, se os pueda decir lo mismo.

B. Y ¡más felices aún por la eternidad!

—Adaptado de José M. Martínez

IDOLATRÍA

"Hijitos, guardaos de los ídolos." (1 Juan 5:21)

Introducción

Un ídolo es un dios pagano o cualquier cosa que ocupa el lugar de Dios. En el segundo mandamiento se lo llama "imágenes". Los seres humanos se inclinan ante ídolos y los sirven.

Estos ídolos son:
1. Obras de mano humana.
2. Sin sentido.
3. Impotentes.
4. Odiosos.
5. Dañinos.

Es posible que aun los niños hagan "ídolos" de ciertas cosas que los separarán de Dios quien merece sus mejores pensamientos, afectos y servicios, el que provee el florecimiento y rocío de sus días.

I.   El ídolo "yo"

Este amor al "yo" nace en nosotros y si no lo frenamos a tiempo se adueñará de nosotros. Nos tienta a ser falsos, ásperos, egoístas y orgullosos porque de ello se alimenta. Tenemos que gratificarlo cueste lo que cueste y con frecuencia demanda más de lo que le podemos dar. El "yo" es un ídolo espantoso. Cuídate de él.

II.   El ídolo ropa

A todos nos gusta la ropa bonita y cara, pero debemos reconocer un peligro: el peligro de dar más importancia a los "adornos externos" que a los ornamentos internos de pulcritud y quietud que no tienen precio a los ojos de Dios. Puedes olvidar la perla por tu ansiedad por su engarce. La moda es un barco peligroso que abordar y antes de darnos cuenta nos hará zozobrar.

III.   El ídolo comida

No podemos negar que a los niños les puede gustar tanto las cosas lindas, las cosas de la mesa que éstas pueden convertirse en sus ídolos. Sueñan cosas y las quieren y se enojan si no pueden obtener sus deseos. Odian los alimentos nutritivos porque son simples.

IV. El ídolo placer

¿No es cierto que los niños anhelan entretenimiento emocionantes al punto de sentirse miserables sin ellos? Hemos conocido a niños para quienes el domingo era un "cansancio" y sus estudios puro castigo. Esto no debe ser así. Sus placeres eran sus ídolos. Ahora les exhortamos a guardarse de ellos.

V. Cómo conquistar los ídolos

A. Puedes implorar diariamente que Dios te guarde de ellos.

B. Debes estar alerta contra ellos.

C. Niégate a ti mismo. Esta es la cura capital para estos ídolos. Si puedes negarte a ti mismo, tienes el secreto de la victoria sobre ellos.

D. Da tu corazón a Dios. No tienes dos corazones; por lo tanto, si Dios es dueño de tu corazón, no lo pueden ser los ídolos. Procura mantenerlo ocupado para Dios, presentárselo a Dios continuamente, verlo como consagrado a Dios. Implora que el Salvador more en él por su Espíritu Santo, y al reinar Él allí todos los "ídolos" serán desterrados, serás guardado de ellos aunque seas sólo un niño pequeño.

—Bosquejos de Sermones para Niños

¡CUÍDATE!

*"Velad y orad, para que no entréis
en tentación . . ."* (Mateo 26:41)

Introducción

El Señor Jesucristo quiere que todos sus niños y niñas vivan vidas que le agraden a Él. Esto no siempre resulta fácil. Si hemos de agradarle, tendremos que cuidar de ciertas cosas.

I. Cuídate a ti mismo

Esto es muy importante y te mantendrás bien ocupado con sólo dominarte.

II. Cuida tus ojos

Asegúrate de que miren cosas buenas y puras y también ven las necesidades de los pobres.

III. Cuida tu nariz

Mantenla en la dirección correcta y no dejes que se ande metiendo en los asuntos de otras personas.

IV. Cuida tu boca

Asegúrate de que nada sucio entre y que nada impuro salga de ella.

V. Cuida tu lengua

Asegúrate de que no hable palabras ásperas, sino que sea usada para hablar y honrar a Dios y para enseñar a otros el evangelio.

VI. Cuida tus manos

Asegúrate de que no roben ni que sean perezosas.

VII. Cuida tus pies

Asegúrate de que no te lleven a lugares malos sino que caminen en el sendero del deber y el camino de la santidad.

VIII. Cuida tu genio

Pídele a Dios que te ayude a controlarlo y que sea más como el del Señor Jesús.

ELOGIO A UNA MADRE

Proverbios 31:10-31

Introducción

La mayoría tenemos recuerdos de nuestra madre. Cuanto más anciana sea, más posible será que el recuerdo sea placentero. Sea como fuera la suya, la Biblia nos da un cuadro de la madre ideal. Fue escrito en otro tiempo, pero los principios de entonces siguen siendo los de hoy.

I. **El valor de la madre ideal (v. 10)**
   A. Desafortunadamente, este no es el cuadro de una mujer "típica", ni entonces ni ahora.
   B. Su valor está conectado con su singularidad.

II. **El carácter de la madre ideal (vv. 11-19)**
   A. Se puede confiar en ella.
   B. Es trabajadora.
      1. Trabaja con buena voluntad.
      2. Considera el bienestar de los de su casa por sobre el suyo propio.
      3. Es fuerte en su modo de ser.
   C. Es provisora.
      1. Para otros.
      2. Para su propia casa.
      3. Para sí misma.

III. **El efecto de la madre ideal (vv. 23-27)**
   A. El bienestar de su esposo es promovido.
   B. Ella tiene paz personal sin temer al futuro.
   C. Su familia prospera bajo su dirección.

IV. **El premio para la madre ideal (vv. 28-31)**
   A. Recibe el elogio de su familia.
   B. Disfruta de los frutos de sus labores.

V. **El secreto de la madre ideal (v. 30)**
   A. No es común.
   B. La clave de su grandeza radica en su reconocimiento de los valores espirituales. ". . . el temor del Señor . . ."

CARTA BLANCA

*"Entonces respondiendo Jesús, dijo: Oh mujer, grande es tu fe;
hágase contigo como quieres."* (Mateo 15:28)

Introducción

Con estas palabras nuestro Salvador dio a esta mujer un
"cheque en blanco" y le dijo que lo llenara poniendo la cantidad
que necesitaba. Tanto le impresionó la fe de ella. Un "cheque en
blanco" como ese, se dice que es "dar carta blanca".

I. **¿Por cuánto era el cheque?**
   A. Más que suficiente para confundir a los poderes del
      infierno.
   B. Más que suficiente para curar completamente a su hija.
   C. Más que suficiente para bendecir inmediatamente.
   D. Más que suficiente para permitirle tomar de "las migajas
      que caen de la mesa de sus amos".
   E. Más que suficiente para contestar la oración de ella:
      "¡Señor, Hijo de David, ten misericordia de mí!"

II. **¿A quién le puede confiar él tal suma?**
   A. A quien concuerde con Cristo.
   B. A quien tiene su alma ocupada con deseos correctos.
   C. A quien tenga suficiente fe como para creer que Él
      contesta los anhelos concretos.
   D. A quien le puede ver en su verdadera grandeza y
      capacidad oficial.
   E. A quien tenga como propósito dar la gloria a Dios
      solamente.
   F. A quien pida sólo "el pan de los hijos" y no cosas
      egoístas.

III. **¿Cómo ha de ser usado?**
   A. En aquello que más hemos estado pidiendo en oración.
   B. En la salvación de las almas por sobre todas las cosas.
   C. En nuestros hijos, amigos y otros seres queridos.
   D. En el adelanto de su reino.

IV. **¿Qué implica?**
   A. La madre que tiene fe recibe la promesa del premio de
      Cristo.
   B. Los que aman al Señor debieran ser como esta madre.

—Adaptado de C. H. Spurgeon

EL PADRE Y LA FAMILIA

"Pero yo y mi casa serviremos a Jehová." (Josué 24:15)

Introducción

En la mayoría de los casos es el liderazgo espiritual del padre lo que determina la dirección que tomará la familia espiritualmente. Y esto concuerda con las Escrituras. ¡Qué responsabilidad descansa sobre el padre de proveer para su familia tanto el bienestar espiritual como el físico. Es bajo su liderazgo que:

I.   La familia adora
   A. Qué bendición cuando toda la familia adora junta, en la iglesia y en el hogar.
   B. Si el padre no cumple su responsabilidad en cualquiera de estos dos sentidos cosechará tristeza y sufrimiento más adelante.
   C. Cuando se le permite a Cristo ser la cabeza del hogar en todos los aspectos de su conducta, los padres encontrarán que los problemas de liderazgo son menos.

II.   La familia ama
   A. El amor puede marcar la diferencia entre el crecimiento físico normal de un infante o un crecimiento lento. Se ha probado en los hospitales donde por diversas razones han quedado los bebés. Se ha notado que su adelanto ha sido más lento, a pesar de las condiciones clínicas, alimento y otras atenciones, que el adelanto de los niños pobres con escaso cuidado, pero mucho amor maternal.
   B. El amor es imprescindible en la crianza del niño y esto el padre tanto como la madre pueden proveer.

III. La familia aprende
   A. Los niños tanto como los padres, por medio de la experiencia, aprenden lecciones valiosas en el arte de llevarse bien.
   B. El padre es también un aprendiz, pero en la mayoría de los casos es un maestro por su ejemplo y su precepto.
   C. Compartir en familia es importante.

IV. **La familia ora**
   A. No es suficiente con orar durante la oración de gratitud en la mesa.
   B. Un rato de devociones familiares con la familia reunida es vital al crecimmiento espiritual de todos.
   C. El cristianismo es un compañerismo tanto como una manera de vivir, y la unidad familiar es la parte más básica de este compañerismo.

V. **La familia planifica**
   A. La época cuando el padre era la cabeza dictadora del hogar ha pasado. Hoy debiera permear un ambiente democrático en el hogar cristiano.
   B. Mucho de lo divertido de las actividades familiares radica en planificar actividades juntos.
   C. La misma unión debe caracterizar los aspectos financieros de la vida familiar.

Aplicación

Todos estos aspectos de la vida familiar descansan en el poder del padre de utilizar o de sofocar. En un sentido muy real, la felicidad de la familia descansa en las manos del padre. Él es el que habla por su familia, "pero yo y mi casa serviremos a Jehová".

NUESTRA DEUDA CON NUESTROS PADRES

"Pagad a todos lo que debéis . . ." (Romanos 13:7)

Introducción

Nos corresponde honrar a quien merece honra, y ¿a quién daremos mayor honra que a nuestros padres? ¿Por qué? Porque les debemos más que a cualquiera. Son ellos los que proveen para nuestras necesidades físicas desde nuestra niñez. ¿Qué le debemos a nuestros padres?

I. **Nuestra propia vida**
    A. No sólo fue nuestro padre responsable de traernos a este mundo, también ha sustentado nuestra vida terrenal con el trabajo de sus manos, etc.
    B. Como cabeza del hogar, nuestro padre nos ha guiado sabiamente en la conducción de nuestra propia vida.

II. **Mucho de lo que hemos aprendido en la vida**
    A. A sus pies hemos aprendido obediencia.
    B. Por su ejemplo hemos aprendido a orar.
    C. De su vida hemos aprendido altruismo y consideración por nuestros semejantes.

III. **Nuestros hogares**
    A. La fuente de la mayor seguridad del niño es el hogar.
    B. En gran medida el padre es en la actualidad responsable por el ambiente del hogar.
    C. Es el padre dando de sí mismo constantemente lo que resulta en una vida hogareña feliz.

IV. **Nuestro amor en respuesta al amor de ellos**
    A. El amor es la lección más grande que nuestros padres nos han enseñado.
    B. El amor es la reserva más profunda de la cual nosotros como niños podemos tomar.
    C. Nuestro amor por los que nos rodean debiera ser un reflejo del amor que hemos aprendido en el hogar.

V. **El pago de nuestra deuda**
    A. Nunca puede ser debidamente pagada, pero podemos dedicar nuestras vidas a ser el tipo de personas que nuestros padres hubieran querido que fuéramos.

B. También podemos mostrar a nuestros padres, por nuestras acciones hacia ellos y hacia los demás, que les amamos y que estamos orgullosos de ellos.

Aplicación

Todo lo dicho aquí acerca de los padres se aplica igualmente a las madres y de ninguna manera intenta rebajar el papel importante que la madre cumple en el hogar.

UN DÍA DE TRABAJO

Efesios 6:5-8; Colosenses 3:23

Introducción

Es interesante observar trabajar a las personas. Muchas veces son tan diferentes. Una es diligente y parece gozar de hacer su trabajo a cabalidad. Otra es descuidada y parece odiarlo. La manera como enfrentamos las responsabilidades de nuestro trabajo es muy importante para nosotros como cristianos.

I. Lo rutinario

A. Estamos atrapados en lo "siempre lo mismo" de nuestras tareas diarias.

B. Esto nos lleva a una "pérdida de significancia" en relación con la tarea. Nuestro trabajo entonces se convierte meramente en "un trabajo más" o significa sencillamente ganarnos la vida.

C. Esto da como resultado algunos problemas comunes.

1. La sensación de estar "atrapados".
2. La persona que trabaja demasiado.
3. Cambios excesivos de trabajo.
4. Problemas nerviosos y emocionales.

II. El cambio recomendado

A. Debemos estar conscientes del tema bíblico.

1. "Y todo lo que hagáis, hacedlo de corazón, como para el Señor."
2. Incluye todas las áreas de la vida.

B. Debemos trabajar "como para el Señor".

C. Debemos reorganizar nuestra vida alrededor de este concepto.

III. La renovación resultante

A. Nuestro "trabajo" adquirirá un nuevo sentido.

B. Toda nuestra actitud hacia la vida puede cambiar.

C. La nueva actitud permeará todas las áreas de la vida.

D. Se lleva a cabo más trabajo y todo se hace "para la gloria de Dios".

LA LEY DE DIOS EN CUANTO AL TRABAJO

"Con el sudor de tu rostro comerás el pan." (Génesis 3:19)

Introducción

Inmediatamente después de la caída del hombre Dios dio este mandato como norma de conducta en la vida. Sea que fuera un precepto o una penalidad no tiene nada que ver con nuestro pensamiento actual. Lo importante es que es aplicable para hoy como lo fue para Adán y Eva en su tiempo. Notemos varias cosas:

I. La universalidad del trabajo

A. Adán, la cabeza representante de la humanidad, recibió el mandato y éste nos ha sido legado a todos los que hemos venido después.

B. Nadie está exento de este mandato porque una excepción invalidaría todo el mandato.

II. La necesidad del trabajo

A. Sin alimento, el fruto de nuestra labor, toda vida cesaría.

B. Todos debemos ocuparnos en alguna forma de trabajo para ganarnos el sustento o, de lo contrario, ser considerado como un parásito o ladrón.

III. La dignidad del trabajo

A. Es un acto de adoración a Dios cuando lo realizamos en el espíritu correcto.

B. En demasiados casos, se ha convertido en una mera actividad para obtener beneficios materiales.

C. El trabajo denigra solamente cuando se realiza por motivos malos o cuando el resultado deshonra a Dios.

IV. El premio del trabajo

A. Comer es vivir, la existencia es el premio del trabajo.

B. Todo ser humano tiene derecho a eso, pero nadie tiene derecho a esperarlo como cosa normal (Job 1:21; 1 Ti. 6:7, 8).

C. Teniendo lo que es esencial para una vida digna deberíamos estar satisfechos.

V. La igualdad del trabajo
A. Todos somos iguales ante los ojos de Dios porque Él no hace acepción de personas.
B. Esto no significa que no hay lugar para empresario y empleado, pues cada uno tiene su función que cumplir y debe hacerlo lo mejor posible.

DÍA DE ACCIÓN DE GRACIAS

"... Día santo es a Jehová nuestro Dios ..." (Nehemías 8:9, 10)

Introducción

Las Escrituras registran un día de gracias en la antigüedad que empezó solemnemente y terminó con gozo. Veámoslo y notemos lo que podemos aprender acerca del espíritu de gratitud.

I. Una meditación profunda precede a la verdadera gratitud

Nuestra gratitud debe profundizarse hasta tocar las honduras de la realidad espiritual si ha de verdaderamente alzarse a las alturas más superiores de gozo.

II. No debemos demorar nuestra gratitud esperando hasta que todo sea perfecto

Debe discernir el plan divino; no necesita depender de las circunstancias que nos rodean. Alguien ha dicho: "Tendrás la prosperidad material que es buena para ti en la mayoría de los casos."

III. La gratitud produce gozo al compartir nuestras bendiciones

Lo hacemos por diversos medios:

A. Adorando en la iglesia.
B. Extendiendo el evangelio.
C. Actuando para suplir las necesidades de nuestros semejantes.

GRATITUD AL PADRE

"Dando gracias al Padre que nos hizo aptos para participar de la herencia de los santos en luz; el cual nos ha librado . . . al reino de su amado Hijo." (Colosenses 1:12, 13)

Introducción

Una sección de las Escrituras como ésta nos hace conscientes de las bendiciones y beneficios que nos corresponden por la bendición del Padre. Veamos varios aspectos de la bendición de Dios.

I. Sus bendiciones apuntan hacia atrás

A. Podemos recordar lo que fuimos en el pasado.
1. Bajo el poder de las tinieblas espirituales y morales.
2. Bajo la disciplina de las tinieblas.
B. Gozamos ahora en la luz maravillosa de su gloria.

II. Sus bendiciones miran hacia adelante

A. El verdadero creyente es apto para la vida eterna en el cielo.
1. El cielo es una herencia que los hijos recibirán.
2. El cielo es una herencia que los santos recibirán.
B. Vemos hacia el futuro para la realización absoluta de nuestra salvación.

III. Sus bendiciones son para el presente

A. Somos bendecidos actualmente "con toda bendición espiritual en los lugares celestiales en Cristo".
B. Tenemos la gloria de experimentar la presencia del Señor día tras día.

IV. Sus bendiciones son la causa de nuestro agradecimiento

Sin Cristo somos débiles e impotentes. Cuán agradecidos debemos estar por todo lo que nos ha provisto en Él, tanto para la eternidad como para hoy. En este tiempo del año somos frecuentemente culpables de limitarnos a dar gracias a Dios por las bendiciones materiales, excluyendo lo espiritual. Debemos enfocar nuestra atención en los dones de Dios, "en el cual no hay mudanza, ni sombra de variación".

—Adaptado de C. H. Spurgeon

GRATITUD PORQUE DIOS NOS RECUERDA

"¡Cuán preciosos me son, oh Dios, tus pensamientos!"
(Salmo 137:17)

Introducción

El sentido de soledad es siempre triste. Qué consuelo es sentir en ese momento que somos recordados por algún ser humano. Cuánto más consolador es saber que varios amigos piensan en nosotros con afectuoso interés. Sin embargo, ¿qué es esto ante la conciencia suprema de que Dios nos recuerda y que participamos en sus planes benévolos?

I. Sus pensamientos sobre nosotros son pensamientos de amor

Dios es nuestro Padre y considera amorosamente a todos sus queridos hijos.

II. Sus pensamientos acerca de nosotros son pensamientos constantes

Sencillamente Él nunca se olvida. Piensa en nosotros constantemente en todo lugar, tiempo y circunstancia.

III. Sus pensamientos sobre nosotros son pensamientos personales

No piensa en nosotros como partes indefinidas de alguna multitud indefinida.

IV. Sus pensamientos acerca de nosotros son pensamientos sabios

Sus planes para nosotros son los mejores.

V. Sus pensamientos acerca de nosotros son pensamientos para ayudarnos

Podemos pensar en alguien sin sentir ninguna disposición o deseo de ayudarle. Pero Dios tiene la disposición y el deseo de ayudarnos y piensa en nosotros con el propósito de ayudarnos siempre.

ACCIÓN DE GRACIAS

". . . Abundando en acciones de gracias." (Colosenses 2:7)

Introducción

A veces no es fácil ver la importancia de exhortaciones como ésta. Pero hay ciertas cosas acerca de la acción de gracias que haríamos bien en notar.

I. La acción de gracias es un deber

Si esto parece inaceptable, lea el texto y vea Colosenses 3:15 y subsiguientes.

II. La acción de gracias es un privilegio

La verdad es que somos afortunados por haber sido creados de tal manera que podemos gozar de las cosas lo suficiente como para querer expresar nuestra gratitud.

III. La acción de gracias debe ser continua

Cada día debiera ser un "Día de Gracias" en lugar de un día especial apartado para este fin una vez por año.

IV. La acción de gracias debiera ser parte importante de la vida

Esto se aplica aún más en el caso del hijo de Dios. "Abundando en acción de gracias."

V. La acción de gracias debiera incluir lo espiritual

Tenemos la tentación de dar mucha importancia a las cosas materiales que tenemos. En realidad, los dones espirituales son de suprema importancia.

DE REGRESO AL TRABAJO CON GOZO

"Y volvieron los pastores glorificando y alabando
a Dios por todas las cosas que habían oído y visto,
como se les había dicho." (Lucas 2:20)

Introducción

Los pastores acababan de ver a los ángeles, de escuchar la hermosa música, de ver al Cristo. Después de esta experiencia leemos que "volvieron". Con gozo regresaron a su trabajo de todos los días, a cuidar sus ovejas.

La diferencia entre el gozo cristiano y el placer del mundo es ésta: El uno capacita para el deber, mientras que el otro incapacita. Sugerimos tres pensamientos en relación con esto.

I. Cristo trae gozo

Los ángeles cantaron cuando nació Cristo. Simeón y Ana dieron gracias. Andrés exlamó: "¡Lo encontré!" El hombre puede de veras regocijarse cuando encuentra al Salvador.

II. Cristo trae gozo al cumplir nuestros deberes

Los pastores volvieron a su trabajo con alegría. Cristo bajó con sus discípulos de la montaña al valle donde estaba el muchacho endemoniado. Pablo exhortó a los cristianos a vivir en contentamiento donde estaban. Onésimo fue enviado de regreso a su dueño terrenal. Nuestro gozo en Cristo es para capacitarnos a encarar las responsabilidades diarias.

III. Cristo quiere que expresemos gratitud en nuestro trabajo

La mejor manera de alabar a Dios es con nuestra vida. No hay mucha espiritualidad en el hombre que no quiere trabajar. Los pájaros alaban a Dios con su canto, las flores con su hermosura, las estrellas con su brillo y su recorrido dentro de sus órbitas. La mejor manera de "adornar la doctrina" y alabar a Dios es con nuestra vida.

EL HIJO DEL HOMBRE VINO

"Porque el Hijo del Hombre vino a buscar y a salvar lo que se había perdido. (Lucas 19:10)

Introducción

Este espléndido versículo nos da una riqueza de información en las palabras que contiene. Considerémoslas.

I. El Hijo del Hombre

El es "Admirable, Consejero, Dios fuerte . . ." Por amor a una raza caída deja su gloria y se convierte en el Hijo del Hombre (por el propio término enfatiza la humanidad a la cual se unió). Este es el título que el Señor se dio a sí mismo.

II. Vino

Nadie lo forzó ni lo obligó, sino que vino por su propia voluntad. Esta afirmación también recalca un hecho histórico con el cual debemos contar.

III. A buscar

Es interesante observar en la vida de Cristo con cuánta frecuencia buscó el alma de los hombres y se ocupaba de ministrarles.

IV. A salvar

Vino porque había algo precioso que salvar, algo que consideraba de infinito valor.

V. Lo que se había perdido

Enfatiza el hecho de que el ser humano estaba perdido sin Él. Se refiere al pecado que vino a combatir y vencer.

LOS MAGOS BUSCAN UN REY

*"Vinieron del oriente . . . unos magos, diciendo: ¿Dónde está el
rey de los judíos, que ha nacido?"* (Mateo 2:1, 2)

Introducción

Al considerar estos versículos y esta historia de la vida terrenal
de Cristo, surgen cuatro preguntas que debemos hacer y contestar.

I.   ¿Quiénes eran los que buscaban?

Venían de lejos representando a lo mejor de entre los gentiles,
lo más noble entre los hombres de todo el mundo. Posiblemente
habían sido influenciados por el gran líder religioso Zoroastro. Él
encabezó un movimiento que adoraba a una luz extraña y no vista
y pensaba en Dios como un Espíritu infinito. Los seguidores de su
filosofía vivían vidas ejemplares, y creían en la oración, el juicio y
la inmortalidad. Pero aún estos hombres, siendo buenos como
eran, se daban cuenta que necesitan algo más.

II.   ¿Qué buscaban?

Buscaban un Rey. Sabían que el hombre necesita alguien
que lo gobierne porque no se puede gobernar a sí mismo. Necesita
a alguien más sabio que él para dirigirlo. Espiritualmente el
hombre necesita un rey tal como necesita algún tipo de gobierno
político organizado. Estos sabios, entonces, buscaban a un rey a
quien prometerle sabiamente su fidelidad. También nosotros
necesitamos un fundamento espiritual sobre el cual construir, un
Rey a quien seguir.

III.   ¿Cómo lo encontraron?

Siguieron el único conocimiento que tenían: un
conocimiento adquirido tras años de estudiar las estrellas. Y una
estrella los condujo a su Rey. Él era su supremo anhelo, el que
querían por sobre todas las cosas. También nosotros hemos de
desearle por sobre todas las cosas y actuar de acuerdo con las
luces que nos da. Siguiendo a la estrella, los sabios lo encontraron;
cuidando sus rebaños, los pastores lo encontraron.

IV.   ¿Dónde lo encontraron?

El Altísimo se ha revelado a sí mismo en lo más humilde:
Dios fue encontrado en la forma de un infante. Todavía viene a
nosotros en esta forma. Viene a nosotros donde estamos. No
espera que nos alcemos a su nivel antes de encontrarlo.

V.   ¿Qué hicieron después de encontrarlo?

Le dieron lo mejor que tenían. A través de los siglos los mejores pensadores y científicos han sido hombres de Dios. Estos hombres no sólo dieron de lo mejor que tenían, sino que se dieron a sí mismos como individuos para servirle. De la misma manera, debemos nosotros darnos a nosotros mismos. Jesús nació en Belén y de cierta manera nace de nuevo en cada corazón que lo recibe.

EL DON INEFABLE

"¡Gracias a Dios por su don inefable!" (2 Corintios 9:15)

Introducción

Los dones de Dios son absolutamente incomparables. Hay en ellos tal grandeza que Pablo se vio forzado a acuñar una expresión nueva par comunicar de alguna manera la gloria de los dones de Dios.

Destacándose por sobre todos los otros dones, está el don de su Hijo.

I.   Es el mejor don

El corazón anhela amor y en este don vemos el amor en su máxima expresión. "Nadie tiene mayor amor que éste . . ." (Jn. 15:13). "En esto consiste el amor: no en que nosotros hayamos amado a Dios, sino en que él nos amó a nosotros . . ." "Porque de tal manera amó Dios al mundo . . ." (Jn. 3:16).

II.   Incluye todos los otros dones

Si tenemos a Cristo tenemos la llave para alcanzar cualquiera y todos los demás dones que Dios da a los hombres. "¿Cómo no nos dará también con él todas las cosas?" (Ro. 8:32).

III.   Es el don que mejora los otros dones

La presencia de una posesión puede agregar al valor de las demás. Así es con el don de Cristo; todo parece mejor a causa de Él.

A.   Valoramos más la naturaleza.
B.   Valoramos más la naturaleza humana.
C.   Valoramos más la Biblia.

IV.   Es el don que nos convierte en dadores

Cuando lo recibimos vamos siendo más como Él y buscamos compartirlo.

V.   Es un don dado a toda la humanidad

A.   Notemos que es un regalo, no un préstamo.
B.   Es un regalo y no una compra.
C.   Es un regalo que genera gratitud.
   1. . Dando regalos a otros.
   2. Dándonos a nosotros mismos al que nos dio primero.

—Adaptado

EL ÚLTIMO SERMÓN DEL AÑO

"Da cuenta de tu mayordomía, porque ya no podrás más ser mayordomo." (Lucas 16:2)

Introducción

El final del año es una buena oportunidad para considerar la posibilidad de que podemos ser quitados de nuestro lugar de responsabilidad en las cosas de la vida en el año que ya comienza.

I. Es una demanda razonable

A. Si hemos hecho mal es mejor que nos detengamos en este momento y lo corrijamos.

B. Hacer cuentas ahora nos ayudará a valorar mucho más nuestra salvación y nuestro Salvador.

C. Puede causar que el inconverso enfrente su problema en este instante.

II. Es una demanda que incluye todo

A. Demos cuenta de:
   1. Nuestra mayordomía.
   2. Nuestros talentos.
   3. Nuestros bienes y cómo los usamos.
   4. Nuestro tiempo.
   5. Nuestra influencia.
   6. Nuestra responsabilidad.

B. Se nos demanda rendición de cuentas a Dios. Tenemos responsabilidad hacia otros, pero no tenemos qué rendirles cuenta a ellos.

C. Tenemos interés en otros, pero no tendremos qué responder por ellos, sino por nuestra propia vida.

III. Es una demanda urgente

A. Podemos perder nuestra mayordomía al perder la vida, la salud, etc.

B. Podemos perder nuestra mayordomía al perder una oportunidad de servir.

C. El año viejo, con sus triunfos y errores, ha pasado. Un nuevo año nos aguarda, está a nuestra disposición para hacer con él lo que querramos, para ser usado para Dios o malgastado en cosas sin importancia. ¿Qué haremos con él? —Adaptado de C. H. Spurgeon

EL HIJO DEL HOMBRE VINO

"Porque el Hijo del Hombre vino a buscar y à salvar lo que se había perdido. (Lucas 19:10)

Introducción

Este espléndido versículo nos da una riqueza de información en las palabras que contiene. Considerémoslas.

I.   El Hijo del Hombre

El es "Admirable, Consejero, Dios fuerte . . ." Por amor a una raza caída deja su gloria y se convierte en el Hijo del Hombre (por el propio término enfatiza la humanidad a la cual se unió). Este es el título que el Señor se dio a sí mismo.

II.   Vino

Nadie lo forzó ni lo obligó, sino que vino por su propia voluntad. Esta afirmación también recalca un hecho histórico con el cual debemos contar.

III.   A buscar

Es interesante observar en la vida de Cristo con cuánta frecuencia buscó el alma de los hombres y se ocupaba de ministrarles.

IV.   A salvar

Vino porque había algo precioso que salvar, algo que consideraba de infinito valor.

V.   Lo que se había perdido

Enfatiza el hecho de que el ser humano estaba perdido sin Él. Se refiere al pecado que vino a combatir y vencer.

EL DON INEFABLE

"¡Gracias a Dios por su don inefable!" (2 Corintios 9:15)

Introducción

Los dones de Dios son absolutamente incomparables. Hay en ellos tal grandeza que Pablo se vio forzado a acuñar una expresión nueva par comunicar de alguna manera la gloria de los dones de Dios.

Destacándose por sobre todos los otros dones, está el don de su Hijo.

I. Es el mejor don

El corazón anhela amor y en este don vemos el amor en su máxima expresión. "Nadie tiene mayor amor que éste . . ." (Jn. 15:13). "En esto consiste el amor: no en que nosotros hayamos amado a Dios, sino en que él nos amó a nosotros . . ." "Porque de tal manera amó Dios al mundo . . ." (Jn. 3:16).

II. Incluye todos los otros dones

Si tenemos a Cristo tenemos la llave para alcanzar cualquiera y todos los demás dones que Dios da a los hombres. "¿Cómo no nos dará también con él todas las cosas?" (Ro. 8:32).

III. Es el don que mejora los otros dones

La presencia de una posesión puede agregar al valor de las demás. Así es con el don de Cristo; todo parece mejor a causa de Él.

    A. Valoramos más la naturaleza.
    B. Valoramos más la naturaleza humana.
    C. Valoramos más la Biblia.

IV. Es el don que nos convierte en dadores

Cuando lo recibimos vamos siendo más como Él y buscamos compartirlo.

V. Es un don dado a toda la humanidad

    A. Notemos que es un regalo, no un préstamo.
    B. Es un regalo y no una compra.
    C. Es un regalo que genera gratitud.
        1. Dando regalos a otros.
        2. Dándonos a nosotros mismos al que nos dio primero.

—Adaptado

EL ÚLTIMO SERMÓN DEL AÑO

"Da cuenta de tu mayordomía, porque ya no podrás más ser mayordomo." (Lucas 16:2)

Introducción

El final del año es una buena oportunidad para considerar la posibilidad de que podemos ser quitados de nuestro lugar de responsabilidad en las cosas de la vida en el año que ya comienza.

I. Es una demanda razonable

A. Si hemos hecho mal es mejor que nos detengamos en este momento y lo corrijamos.

B. Hacer cuentas ahora nos ayudará a valorar mucho más nuestra salvación y nuestro Salvador.

C. Puede causar que el inconverso enfrente su problema en este instante.

II. Es una demanda que incluye todo

A. Demos cuenta de:
1. Nuestra mayordomía.
2. Nuestros talentos.
3. Nuestros bienes y cómo los usamos.
4. Nuestro tiempo.
5. Nuestra influencia.
6. Nuestra responsabilidad.

B. Se nos demanda rendición de cuentas a Dios. Tenemos responsabilidad hacia otros, pero no tenemos qué rendirles cuenta a ellos.

C. Tenemos interés en otros, pero no tendremos qué responder por ellos, sino por nuestra propia vida.

III. Es una demanda urgente

A. Podemos perder nuestra mayordomía al perder la vida, la salud, etc.

B. Podemos perder nuestra mayordomía al perder una oportunidad de servir.

C. El año viejo, con sus triunfos y errores, ha pasado. Un nuevo año nos aguarda, está a nuestra disposición para hacer con él lo que querramos, para ser usado para Dios o malgastado en cosas sin importancia. ¿Qué haremos con él?   —Adaptado de C. H. Spurgeon

Otros libros de
EDITORIAL PORTAVOZ

Serie BOSQUEJOS DE SERMONES   Charles R. Wood

Para el pastor o predicador laico muy atareado, estos bosquejos de sermones le serán de mucha ayuda en su preparación para subir al púlpito y dar un mensaje a su congregación.

Bosquejos de sermones de avivamiento
Bosquejos de sermones evangelísticos
Bosquejos de sermones para días y ocasiones especiales
Bosquejos de sermones para servicios funerales
Bosquejos de sermones sobre hombres de la Biblia
Bosquejos de sermones sobre mujeres de la Biblia

CÓMO PREPARAR
MENSAJES BÍBLICOS   James Braga

Este es un libro de "Cómo hacer . . ." que es fiel a su promesa. El autor expone con claridad y lógica el proceso gradual de preparación y proclamación de un sermón eficaz. El método que presenta combina técnicas reconocidas en oratoria secular con teorías acerca de la predicación que han resistido con éxito el paso del tiempo.

Después de tratar exhaustivamente los principales tipos de sermones bíblicos y de destacar el valor de la predicación expositiva, el autor despieza y considera cuidadosamente la mecánica de la preparación de los sermones. (2ª edición, 320 páginas.)

CONSEJOS PARA JÓVENES
PREDICADORES   Ernesto Trenchard

Un tratado práctico de homilética elemental, muy útil especialmente para el predicador laico. (3ª edición, 96 páginas.)

DOSCIENTAS ANÉCDOTAS
E ILUSTRACIONES   Dwight L. Moody

Aquí podrá leer las estremecedoras anécdotas e ilustraciones de Moody que mantenían en un puño la atención de la gente (14ª edición, 128 páginas.)